童眼识天下 科普馆

NONG CHANG DONG WU

农场动物

童心○编绘

化学工业出版社

·北京·

编绘人员：

王艳娥　王迎春　康翠苹　崔　颖　王晓楠　姜　茵
李佳兴　丁　雪　李春颖　董维维　陈国锐　寇乾坤
王　冰　张玲玮　盛利强　边　悦　王　岩　李　笪
张云廷　陈宇婧　宋焱煊　赵　航　于冬晴　杨利荣
张　灿　李文达　吴朋超　曲直好　付亚娟　陈雨溪
刘聪俐　陈　楠　滕程伟　高　鹏　虞佳鑫

图书在版编目(CIP)数据

童眼识天下科普馆.农场动物 / 童心编绘 . —北京：化
学工业出版社，2017.9（2024.10重印）

ISBN 978-7-122-30270-0

Ⅰ.①童…　Ⅱ.①童…　Ⅲ.①常识课 - 学前教育 -
教学参考资料　Ⅳ.①G613

中国版本图书馆 CIP 数据核字（2017）第 173873 号

项目策划：丁尚林　　　　　　　　　　　　　　责任校对：吴　静
责任编辑：隋权玲　　　　　　　　　　　　　　封面设计：刘丽华

出版发行：化学工业出版社(北京市东城区青年湖南街13号　邮政编码100011)
印　　装：北京宝隆世纪印刷有限公司
889mm×1194mm　1/20　印张4　2024年10月北京第1版第11次印刷

购书咨询：010-64518888　　　　　　　售后服务：010-64518899
网　　址：http://www.cip.com.cn
凡购买本书，如有缺损质量问题，本社销售中心负责调换。

定　　价：19.80元

前言 FOREWORD

欢迎来到农场！这里主要从事农业生产和畜牧养殖。农场中有很多动物，它们很早很早之前也生活在野外，后来人们开始驯养这些动物。悄悄地告诉你，人类最早驯养的动物是狗哟。

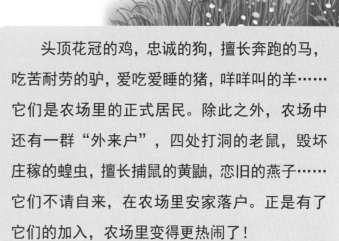

头顶花冠的鸡，忠诚的狗，擅长奔跑的马，吃苦耐劳的驴，爱吃爱睡的猪，咩咩叫的羊……它们是农场里的正式居民。除此之外，农场中还有一群"外来户"，四处打洞的老鼠，毁坏庄稼的蝗虫，擅长捕鼠的黄鼬，恋旧的燕子……它们不请自来，在农场里安家落户。正是有了它们的加入，农场里变得更热闹了！

怎么样？想不想到农场里参观，和这些小动物一起玩呢？那就快走进《农场动物》一书。瞧，它们正跟我们打招呼呢！

目录
CONTENTS

26

74

44

14

头戴花冠的家鸡

公鸡是农场里最勤劳的动物之一！每天天还没亮，公鸡就会清清嗓子，来一首慷慨激昂的"歌曲"："喔喔喔——喔喔喔——"听到公鸡的"歌声"，人们就知道天亮了。

公鸡为什么打鸣？

"雄鸡一唱天下白"。公鸡为什么一到早晨就打鸣呢？原来，公鸡的大脑里有一个"松果体"，可以分泌一种叫褪黑素的物质。松果体是受光线控制的，只有在黑夜，松果体才会分泌褪黑素。天一亮，褪黑素的分泌就会受到抑制，雄鸡就会不由自主地"唱歌"。

不会飞

　　鸡属于鸟类家族的成员，它们也长着翅膀，但是鸡却不会飞。其实，鸡原本生活在森林里，那时它们是会飞的。后来，被人们圈养以后，鸡的翅膀逐渐退化，就丧失了飞行能力。不过，鸡扇动翅膀，还是可以跳得很高的。

红色的鸡冠

  鸡冠为什么是红色的呢？原来，鸡冠内部生长着许多细小的毛细血管，鲜红的血液从这里流过，透过表皮使鸡冠呈现红色。人们可以通过鸡冠颜色的变化，来判断鸡的身体是否健康。

公鸡母鸡有不同

公鸡的模样要比母鸡漂亮：公鸡的毛色鲜艳美丽，尾巴上的羽毛比较长，鸡冠红红的，大大的；而母鸡的外表就逊色多了，它的个头更小些，羽毛颜色也不如公鸡的亮丽，就连鸡冠也小一些。

鸭子，农场里的游泳能手

小鸭子们已经出生5天了，作为农场里的游泳能手，鸭妈妈要给它的孩子们上一堂游泳实践课。小鸭子们，排好队，准备下水啦！

鸭子的"划水桨"

鸭子的脚和我们的脚可不一样，它的脚趾之间连着一层叫作蹼的皮，鸭子能在水中划游，脚蹼可是大功臣。用脚蹼往身后拨水，就能推动鸭子在水中轻快地游动。

鸭子为什么能游泳？

鸭子为什么能游泳呢？原来，鸭子的尾巴和胸部可以分泌很多油脂。平时，鸭子用嘴巴梳理羽毛时，把油脂涂抹到了身体上。这样一来，它入水后就不用担心弄湿羽毛了。再加上船桨一样的脚蹼，鸭子就可以自由自在地在水中游来游去了。

谁是妈妈？

　　刚刚破壳而出的小鸭子，通常第一眼看到的就是自己的妈妈，它会本能地跟在妈妈身后。但是，如果它第一眼见到的不是自己的妈妈，而是一条狗、一只猫或者一个人，小鸭子也会以为那是自己的妈妈，会跟在后面"呷呷"地叫。

鹅，大胆的勇士

快来看呀！农场的小河边有一群鹅正在戏水。鹅的脖子长，尾巴短，看上去和雁很像，那当然，雁可是鹅的祖先呢。

来吧，战个痛快！

鹅生性好斗，基本不会把其他动物放在眼里，它们甚至连人也不害怕。如果不小心激怒它们，鹅就会愤怒地张开翅膀，低头向前伸着长长的脖子，发动气势骇人的进攻。一套"一扭二啄三扫翅"的打法使它们在家禽界鲜有敌手。所以，千万不要轻易招惹它们哟！

奇怪的眼睛

鹅连人都不怕，它们的胆子可真大！小朋友，你知道这是为什么吗？告诉你吧，答案就在鹅的眼睛里。鹅的眼睛很特别，看到的东西都会缩小。在鹅的眼睛里，人比自己还要小，所以鹅一点儿也不怕人，有时还会主动攻击人呢。

我的领地，生人勿进！

鹅的领地意识很强，总是在自己的身边划定一个守护范围。如果有不认识的人或动物擅自闯入，鹅就会立刻警惕起来，大声尖叫示警，然后攻击对方。悄悄告诉你，古代西方人一直都把鹅当成警卫动物，据说鹅看家护院的效果比狗还好呢！

好养活

别瞧鹅长着一副壮实的身体，但它们对食物的要求很低，只是对植物情有独钟。鹅的饭量不大，甚至还比不上某些品种的鸡鸭。如果将它们放养的话，基本就不需要再喂食了。

狗，人类忠实的朋友

在安静的农场里，一只黄鼠狼鬼鬼祟祟地出现在鸡舍周围。负责保卫农场安全的狗看见了，急忙向主人传递信号："汪——汪——汪汪——"黄鼠狼见偷袭计划不成，只好灰溜溜地跑了……

嗅功我最强!

狗鼻子中的褶皱上覆盖着一种潮湿的黏膜,这种黏膜是由近 2.2 亿个嗅觉细胞组成的。科学研究表明,狗的嗅觉能力是人的 40 倍以上。那些经过专业训练的警犬,嗅出凶手的精准度堪比专业仪器。可以说,任何气味都瞒不过狗的鼻子。

我怕热!

狗身体里面的汗腺不发达,无法像人一样通过蒸发汗液来调节体温。天气炎热时,为了尽快散热,它不得不张开嘴巴,伸出舌头,大口大口地喘气。

它们居然是狼的后代?

人类与狗的友好渊源可以追溯到 3 万年前。当时,欧洲人已经开始驯养狼了,他们让狼帮助自己打猎、看家护院。这些被驯化的狼就是狗的祖先。后来,家养的狗被人们带到了世界各地。如今,狗经过世代驯化,发展分化出了很多品种。猎犬、警犬、牧羊犬和救生犬都是这个大家族的一员。

猫，夜里的独行侠

小朋友，你是不是感觉很奇怪：猫为什么总是在白天睡觉？千万不要以为猫咪很懒惰，其实它并不懒！猫晚上还要在农场里巡逻，捉拿那些偷吃粮食的老鼠呢，白天不攒足精神怎么行！

老鼠那么机灵，要想捉住它可不是容易的事情。不过，对猫来说，那却是小菜一碟。猫的平衡能力出类拔萃，只要稍微改变尾巴的位置和高度，就能确保身体平衡，而且它的腿部肌肉相当结实，爪子下面长着又厚又软的肉垫。即使从高空落下，动作也十分轻盈，不会发出太大的声响。

猫并不挑食，不过它最喜欢吃的还是老鼠和鱼。这是因为老鼠和鱼的身体里含有大量的牛黄酸。吃了牛黄酸，猫的视力就会更加出色。夜晚活动时，如果没有出色的视力，那可不行。所以，猫多吃些老鼠和鱼很有必要。

睡觉时也警惕

比起吃什么，猫似乎对自己能睡多长时间更在意。猫每天要睡14～15个小时，否则它夜晚工作起来就会没有精神。不过，即使睡觉，猫也会保持机警，耳朵会随时注意周围的动静。

快速奔跑的马儿

在没有汽车的年代，马是人们最重要的交通工具之一。如今，马一般生活在农场或农家，帮助人们干些农活，吃人们喂的草料。

超群的感官

马儿的感官特别发达，能识别各种危险。它的眼睛高高地长在长脸上，这使马儿有很宽广的视角。马儿的耳朵外部长着大大的耳翼，而且能够旋转，这使它能够捕捉到极其微弱的声音。马的嗅觉器官也很灵敏，甚至能辨别出微风中的一丝气味。

马儿为什么站着睡觉?

马儿一般都是站着睡觉的,你知道是为什么吗?原来,马儿在被驯化前,经常受到猛兽的袭击,它又没有什么特殊本领保护自己,因此,马儿在休息时也不敢有丝毫的懈怠,选择站着睡觉。这样一旦敌人靠近,它就能及时逃走了。

耳朵也能表达情绪?

马儿的耳朵并不只是用来听声音的,它还会用耳朵来表达情绪。当耳朵垂直竖起时,表示马儿的心情非常好;当耳朵前后摇动时,表示它情绪不高;耳朵向两旁竖立,表示它很紧张;耳朵向前方或两侧倒,表示它非常疲惫,好像在说:"我好累呀!"

吃苦耐劳的驴

小朋友，你见过驴吗？它的模样和马非常像。那当然，驴和马可有着共同的祖先呢！

小身体，大能量

和马比起来，驴的四肢瘦弱，远没有马看起来健壮。不过，你可千万不要小瞧它！驴非常皮实，不易生病，最重要的是它性情温顺，容易饲养，干起活来更是吃苦耐劳。

蒙住眼睛来转圈

驴在拉磨时，经常被蒙住眼睛。这是为什么呢？原来呀，拉磨时要不停地转圈，驴如果不把眼睛蒙住，不一会儿就会晕乎乎的。蒙上眼睛后，驴看不到周围的变化，就不会觉得头晕啦！此外，这样也可以防止驴偷吃东西。

有虫子？要打滚！

在田间干完活后，驴不会立刻吃东西或喝水，而是要在地上打几个滚儿。这是驴特有的一种洗澡方式。原来，驴光亮的皮毛里寄生着许多小虫子，小虫子的叮咬让驴痛苦不堪。同时，由于长时间干活，驴皮肤上的汗渍和污渍凝结成一层硬皮，十分不舒服。所以驴要在地上使劲打滚，赶走小虫子，磨掉硬皮。

勤勤恳恳的牛

牛的身体强壮，它们是农场中的劳动能手。奶牛产的牛奶营养价值很高，黄牛可以帮助农民伯伯干农活。牛可算得上是农场中的实干家了！

吃草有讲究

牛的饭量非常大，一次会吃很多草，但并不怎么咀嚼。牛有四个胃室，未经咀嚼的草进到第一个胃室后被弄湿，接着便会被第二个胃室"切割"成小段，然后这些草会被送回到口腔里咀嚼。只有经过仔细咀嚼的草才会被送到第三个胃室，最后送到第四个胃室，在这里完成消化、吸收。

擅长产奶的奶牛

奶牛的身体构造与黄牛差不多，但它穿了一件带大黑斑的外套。实际上，奶牛是经过高度选育繁殖出来的优良黄牛品种。只不过，母奶牛具备了大量产奶的能力。牛奶是一种适合长期饮用的、营养丰富的饮品，也是乳制品的重要原料。

安逸的猪

"哼哼——"农场里的猪吃饱饭后，舒服地哼哼直叫。它既不用像马那样辛苦劳作，又不用像狗那样担负看家的重任，堪称农场里最安逸的动物。

来！洗个泥浆浴吧！

猪可真不讲卫生啊！你瞧，它们竟然在泥坑里打滚呢！其实，这怪不得它们，猪的汗腺不发达，非常怕热。夏天一到，它们就会热得受不了。这时，在"小池塘"打几个滚，就会凉快不少呢！

有东西吃？快抢！

猪是个"大胃王"，除了一日三餐，它还会在农场里到处找东西吃。猪一点儿也不挑食，主人喂它什么它就吃什么。只要主人拿着食物出来，它们就会一哄而上，争着抢着大吃特吃。每天都在吃、吃、吃，猪很快就会长得又肥又壮了。

拱啊拱！

猪喜欢用鼻子拱来拱去，它为什么要这样做呢？原来，猪是在寻找食物。在很久之前，猪的祖先野猪就有拱地的习惯。野猪生活在野外，为了寻找食物，就会用鼻子把泥土拱开，找出埋在土里的植物根茎和蚯蚓等。

咩咩叫的绵羊

"咩咩！咩咩！"绵羊们成群走过来了。它们穿着雪白的毛外衣，看上去温暖极了！绵羊的性格温顺，即便长着大角的公羊，也不会轻易发脾气。

不服？来战！

公绵羊头顶上长着一对螺旋状的大角，在争夺配偶时，这就是最厉害的格斗武器。当两只公绵羊都喜欢一只母绵羊时，两只公绵羊就会为爱人而战。届时，两只公羊会用坚硬的大角猛力顶撞对方，这场争斗可能持续很长时间，直到一方认输为止。

绵羊大家庭

绵羊平时与自己的同伴生活在一起。朝夕相处的时候，它们非常喜欢模仿其他绵羊的动作。绵羊也有自己的首领，这个职位通常由年老的雌性绵羊担任。外出觅食时，首领负责带队寻找鲜草。绵羊的胆子很小，一旦有敌人来袭，它们很少反抗，一般都会四散奔逃。

它们居然有洁癖？

绵羊爱吃草，可它们却有轻微的洁癖，并不是所有的草都吃。在用餐之前，绵羊会先用鼻子嗅一嗅，如果这些草有异味，或被践踏过，它们是不会吃的。就算平时主人喂它们草料，也要把料槽打扫干净才行。

老鼠，农场小坏蛋

老鼠的体形有大有小，但所有的家伙都特别能吃。它们的身影遍布农场的各个角落，因为经常偷吃人们的粮食、毁坏物品，所以它们并不受欢迎。

超强的适应能力

老鼠的适应能力很强大，它们什么东西都能吃，什么地方都能住。这些小家伙不仅会打洞、爬树，还会游泳。最重要的是，它们是繁殖能力非常强的哺乳动物之一。普通的母家鼠每年可以生育8次，每次能生下4~7只幼崽。不难想象，要是没有天敌，用不了多久，它们就能把农场占领。

警惕的小家伙

老鼠非常警惕，它们在出洞之前，会先左瞧瞧右看看，确定安全后才付诸行动。这时，如果周围有什么动静，老鼠就会迅速找个地方躲起来。因为身体小且柔软，很多地方都能变成它们的避难所。

磨牙时间到了！

老鼠是一种啮齿动物，它们下颚的牙齿是在不停生长的。为了防止牙齿长得太长，刺破嘴唇、上颚，导致无法吃东西，它们必须得磨牙。所以，夜深人静的时候，我们经常听到老鼠的磨牙声。

身穿"软猬甲"的刺猬

武侠小说里有一种神奇的护身宝物"软猬甲",相传它刀枪不入。小朋友们是不是也想要一件呀?其实,小刺猬就穿着这样一件外衣。有了这件衣服护身,任何强大的敌人来犯,刺猬都不怕。

昼伏夜出的"清洁工"

刺猬性格孤僻,很胆小,喜欢安静,白天躲在树枝旁、灌木丛或者窝中休息,晚上出来活动。刺猬是一种杂食性动物,喜欢吃蠕虫、蚂蚁、蜘蛛等,有时也吃小鼠、小蛇和落在地上的瓜果。刺猬经常在农场中出没,免费帮人们清除虫蛹和老鼠。

小刺猬还冬眠？

　　刺猬不能稳定地调节自身的体温。当寒冷的冬天来临时，它们为了保持体温不得不进行冬眠。此时，刺猬会将代谢率降低，从而最大限度地减少能量消耗。但刺猬不会整个冬天都处于休眠的状态，每隔数周，它们就会苏醒一次，以便进食和排泄。

多功能的"软猬甲"

　　除了头、尾巴和腹部，刺猬全身长满短粗的棘刺。遇到危险时，刺猬会蜷缩成球，包裹住头和四肢，竖起身上钢针般的棘刺，很多敌人都拿这个"刺球"没办法。除了御敌，棘刺还是刺猬的取食工具，当发现地上有自己爱吃的苹果、葡萄等水果时，刺猬就在地上打个滚，用身上的棘刺把食物牢牢扎住，然后背回家中享用。

猫头鹰，老鼠的天敌

猫头鹰也和小猫一样，喜欢在白天呼呼大睡，夜晚再起来工作。它可是出了名的夜间猎手，那些鬼鬼祟祟的小老鼠根本逃不过它的法眼。

眼睛大就是好！

猫头鹰最显著的特点就是有一双炯炯有神的大眼睛，它们接受光线的能力非常强，即使在漆黑的夜晚也能准确锁定猎物的位置。猫头鹰还能用眼睛推算出猎物与自己之间的距离。不过，猫头鹰的眼球不能转动，这意味着它无法看到侧面的东西。幸亏猫头鹰的脖子够灵活，可以弥补眼球不能转动的不足。

听觉同样出色！

夜晚黑漆漆的，如果猎物距离太远，猫头鹰就有可能看不见它们了。不过没有关系，猫头鹰的听觉非常棒。即使老鼠藏在十几米外，只要它们发出声响，猫头鹰就能听得一清二楚。另外，猫头鹰的翅膀上长着长长宽宽的羽毛，这种羽毛能够降低飞行噪音。所以即使近在咫尺，猎物也感觉不到猫头鹰的存在。

食茧是从哪儿来？

　　猫头鹰肚子特别饿的时候，会将猎物整个吞下去。但通常情况下，猎物的毛皮和骨头是无法消化的，所以猫头鹰会把这些不能消化的东西再吐出来。如果仔细观察，你就能在猫头鹰的巢穴附近发现这些团状食茧。

啄木鸟，尽责的医生

农场中的大树生虫了，这可怎么办呀？没关系，有啄木鸟在，它可是"森林医生"呢！

专职医生

啄木鸟是专职医生，它经常在树木之间飞来飞去，为树木诊治疾病。当啄木鸟发觉虫子有可能躲在树干深层时，就会不停地叩击树木。虫子听到连续不断的"鸣鼓声"，便会心生恐惧，四处逃窜。而啄木鸟就会在它们逃生通道的出口等候，将这些害虫生擒活捉。

它的头还有防震装置？

因为捕食的关系，啄木鸟每天要敲击树木多达五六百次。可是长时间快速啄击，不会对大脑造成影响吗？啄木鸟不怕，因为它的头骨疏松，里面充满空气，而且头骨内部有一层坚韧的外脑膜，这些都能起到减震作用。

年年搬新家

　　啄木鸟会在死去的树上啄出一个洞，当作鸟窝。它的家非常舒适安全，既不用担心风吹雨淋，又不用担心猛兽来犯。不过，啄木鸟经常搬家。这些留下来的空家，自然成了很多鸟儿的理想居所。每年，啄木鸟都会筑一个新窝，在里面抚育小宝宝。

可爱胆小的兔子

嘘——小朋友，如果你见到兔子，一定要放轻脚步。因为这些小家伙可是胆小鬼，只要听见一点儿动静，它们就会拔腿逃跑。

长耳朵有妙用

兔子长着一对长长的大耳朵。这对大耳朵就像一张雷达网，能轻易把周围的声音收集起来装进它的耳朵里。而且它的大耳朵动起来很灵活，能够很好地辨别声源，发现潜在的危险。

三瓣嘴怎么来的？

三瓣嘴是兔子家族的独特标志。虽然现在的家兔主要吃萝卜和青菜，可是在很久以前，家兔的祖先生活在野外，它们的主要以啃食各种草根为生。为了不让嘴唇摩擦受伤，并使两颗大门牙可以更好地咬住草根，它们慢慢地将上嘴唇进化成两瓣，变成了"三瓣嘴"。

它竟然吃自己的粪便？

兔子每当排出柔软的粪便就会吃掉。是不是很奇怪呢？原来，柔软的粪便中一般都含有一些很难消化的营养物质，比如植物纤维、维生素、蛋白质等。兔子吃下粪便，让身体对营养成分进行二次吸收，最后排出不含营养物质的硬硬的小粪球。如果兔子不吃这些粪便，可能会因营养不良而死亡呢！

鹦鹉，充满激情的演讲家

鹦鹉的羽毛颜色鲜艳亮丽，是农场里最美丽的成员之一。不仅如此，鹦鹉还非常受主人的喜爱，因为它是农场中除了人类之外，唯一"会说话"的动物。

鹦鹉为什么"会说话"？

小朋友，你知道鹦鹉为什么能模仿人声吗？其实奥秘就在它的喉咙里。鹦鹉喉咙里的肌肉很发达，能发出各种清晰的音调；它的舌头非常柔软、灵活。最重要的是，鹦鹉的大脑比较发达，可以本能地模仿周围的声音。但是，并不是所有的鹦鹉都会说话，即便"会说话"的鹦鹉也要经过训练后才可以发声。

多功能的爪子

鹦鹉的爪子非常灵活，除了站立和攀缘，还能抓着食物送进嘴里呢。在所有的鸟中，只有鹦鹉可以做到这点哟！

坚硬的喙

　　鹦鹉的喙弯而有力；上颌的铰合韧带可以起到杠杆作用，与钩子一样的嘴配合可以紧紧咬住树枝；而它的下颌肌肉十分强健，只需用力就能磕碎坚果。

梅花鹿，跑跳健将

辽阔的农场里有一群可爱的梅花鹿。它们身姿矫健，性情活泼，有的头上还长着鹿角。这些小家伙都是跑跳健将，动作极为灵活。一般的动物要想追上它们，是非常难的事情。

鹿角是宝贝！

雄性梅花鹿的头顶上长着像王冠一样的鹿角，每年暮春时节，鹿角就会像树枝一样重新长出来。刚刚长出来的新角还没有骨化，外面覆着天鹅绒状的皮。这时的鹿角叫作鹿茸，是非常珍贵的药材。

谁是最强者?

在鹿群里，为了争得雌性的青睐，雄鹿之间经常上演激烈大战。这时，两只雄鹿会竭尽全力投入战斗。它们最常用的战斗动作就是互相顶角，直到一方精疲力竭为止。如果一只雄鹿足够健壮的话，会有 10 多只雌鹿心甘情愿地跟随它。

小鹿出生啦!

鹿妈妈在怀孕 7 个月之后，会生下 1~2 只小鹿。刚出生的小鹿非常可爱，不用几个小时就能站立起来。第二天，它们就能跟着妈妈四处跑动了。这个阶段，鹿妈妈要时刻注意孩子们的安全，不让它们离开自己的视线范围。

喜鹊，自信的歌唱家

"喳喳！喳喳！"小喜鹊飞来了！它欢快地叫着，一路跳着优美的舞蹈，然后落在农场的大树上。这个歌唱家一点也不怕生，不停地左看看右瞧瞧……

爱热闹

喜鹊是常见的鸟类之一。无论是城市、乡村，还是农田、郊区，到处都有它们的身影。这些外表优雅的鸟儿特别爱热闹。越是人类密集的地方，喜鹊越喜欢。乡村民居附近随处可见它们的大巢。看来，喜鹊十分享受与人类相处的感觉。

机警

喜鹊不但活泼，还非常机警。它们在与同伴一起觅食时，通常会有专职负责侦察敌情的"岗哨"。即使是夫妻俩外出，也要轮流分工守候和觅食。如果发现危险，"岗哨"鸟会发出叫声，向其他成员传递危险讯息，这样它们就能及时撤离。等敌人到达，它们早已经无影无踪了！

变化的食物

喜鹊的食性会随着季节的变化而发生改变。炎热的夏天，它们会吃些肥嫩的昆虫。而在其他食物不怎么丰富的季节里，喜鹊会吃植物果实和种子充饥。

43

恋旧的家燕

春天到了，小燕子从南方飞回来啦！这些恋旧的小家伙又回到了自己原来的燕巢，空了许久的燕巢，终于迎回了它们的主人。

我们都是飞行家！

家燕都是杰出的飞行家。它们的身姿极为灵活，时而像雄鹰一样在空中飞翔，时而像蜻蜓般在水面一闪而过。同时，它们还会发出急促的叫声，就像在提醒大家注意观看它们的表演，真是有意思极了！可是，你知道吗？家燕这样做其实是在捕捉蚊子、苍蝇等害虫呢！

冬天来了，我走了！

家燕只吃昆虫，当寒冷的冬天来临时，很多昆虫都销声匿迹了。它们为了活下去不得不背井离乡，到温暖的南方生活一段时间。等到来年春天，它们就会从南方飞回来，而且还会回到以前筑巢的地方生活。

与人为邻

家燕会把它们的小家建在人类房屋的外墙壁上、屋檐下或横梁上。筑巢时，相亲相爱的雄鸟和雌鸟会轮流运输建房材料。它们找到泥、枯草以及草根等材料以后，会用唾液将其混合，把材料变成一颗颗小小的泥丸叼回来，然后再整齐地堆砌在一起形成外墙。最后再在里面垫上杂草、植物纤维和羽毛等物质。这样，浩大的建房工程才算结束。

忙忙碌碌的蜜蜂

"嗡嗡嗡……"勤劳的小蜜蜂每天都为了采蜜而忙碌着。有了它们，不仅很多花儿可以完成授粉，农场主人还能收获香甜的蜂蜜呢！

采集花粉

花朵盛开的季节，蜜蜂每天都要往返于各色的花朵间采食花蜜、花粉。它们会用长长的吸管把花蜜吸进"蜜胃"里，然后把花粉放到后脚的花粉篮中。等收获足够的花蜜后，就会赶紧返回蜂巢，把花蜜和花粉储存起来。之后，还会再次外出收集食物。

我的家族成员

每个蜂群中都有三种蜜蜂。最大的蜜蜂是蜂后，主要负责产卵。而工蜂身形很小，专职负责筑巢、采集食物和保卫蜂群。相比较而言，雄蜂的命运有些悲惨。它们没有螫（shì）针，只负责与蜂后交配，之后便会默默死去。

蜂巢的秘密

　　蜂巢是蜜蜂创造的一种神奇的天然建筑物。巢穴由若干六角形蜂室组成，每一部分都有不同的使用功能。蜜蜂把花粉、蜂蜜和王浆储存在里面，然后用蜂胶封存。这样，食物就不会发霉了。不仅如此，这里还是蜜蜂卵的温室，蜜蜂幼虫就是在这里完成发育的。

有美丽斑点的七星瓢虫

七星瓢虫是天生丽质的益虫。它穿着一件红色的"盔甲"，"盔甲"上还有七个大小不一的斑点。有趣的是，它的盔甲下还有一小对翅膀。当需要飞行时，那两片盔甲就会像自动闸门一样张开。

蚜虫，我要消灭你！

七星瓢虫从幼虫时期起，就开始吃蚜虫。长成成虫后，它的食量更大了，一天能吃掉上百只蚜虫。植物有了它们的保护，不知道有多开心！农民伯伯为了减缓大棚里蚜虫的增长，还会特意放进去很多七星瓢虫来消灭蚜虫。

绝佳的逃生术

七星瓢虫外表看起来娇弱，实际上这些小家伙的自卫能力很强。当察觉不妙时，它腿部会分泌出一种非常难闻的黄色液体，让捕食者彻底失去吃掉它的兴趣。如果遭遇强敌，七星瓢虫就会故意从高处落下，假装自己已经死掉，瞒过敌人后顺利逃生。

混战？有意思！

　　蚜虫、蚂蚁和七星瓢虫这三者之间的关系有些复杂。蚜虫吃东西时，会从腹部末端排出一种含糖的液体。这种液体是蚂蚁的最爱，所以它们经常来取食。倘若让蚂蚁发现，七星瓢虫正在吃蚜虫，出于对美食的热爱，蚂蚁有时会主动上前保护蚜虫。

蚂蚁，小小大力士

小小的蚂蚁一定没有什么力气？如果你也这样认为，那可就错了。其实蚂蚁能搬起比自己重几十倍的东西，力量和技巧绝不亚于那些专业的举重运动员哟！

找到食物了！

蚂蚁家族是一个非常有爱的集体。当一只蚂蚁找到食物以后，它会在食物周围留下气味记号，然后利用视觉定位法返回巢穴，把这个讯息分享给大家，带领伙伴们一起去搬运食物。取食成功后，它们会把这些食物分享给其他蚂蚁以及巢穴中的幼虫。

相亲相爱

　　如果蚁群中有哪只蚂蚁生病了，伙伴们绝不会置之不理的。它们不仅会精心照料患病的伙伴，还会舐食它身上的病菌。这样，生病的蚂蚁很快就能好起来啦！

蚁穴的生活

　　蚂蚁家族生活在一个"城堡"里。这个"城堡"下面有很多条隧道，通向各个出口。整个城堡有成千上万只蚂蚁居住，其中权力最大的是蚁后。为了安全，蚂蚁城堡每天都有兵蚁守卫，如果发现敌情，它们会誓死捍卫城堡和"族人"的安全。

51

镰刀手螳螂

农场的绿色植物上，经常可以看见挥舞着"镰刀"的螳螂。
它能捕杀很多危害农作物的害虫，是一种非常受欢迎的益虫。

未卜先知的预言家？

通常，螳螂在捕食之前会摆出一种类似祷告的姿势，
正是因为这个动作，很多人觉得螳螂是传达神灵旨意的预
言家。古希腊人就称螳螂为"卜士"或"先知"。其实，
螳螂这是随时维持着捕食的姿势，等待猎物。

锁定猎物！

　　螳螂的复眼非常大，而且很明亮。脖子可以自由转动，即使猎物不停移动，它也能瞄准。在捕食之前，螳螂会先用头部瞄准对方；然后将头偏向一侧，使头部触到一处感觉毛上，从而测算出自己与猎物之间的距离。这样做能大大提高捕食效率。

雌性吃配偶？

　　据说雌性螳螂在交配后会吃掉自己的丈夫，科学家们经过研究发现，这种情况的确存在，但并不多见。只要让雌螳螂吃饱喝足，它们是不会露出这么残忍的一面的。相反，螳螂夫妇还会翩翩起舞，互相表达爱意呢。

蟋蟀，黑夜歌唱家

"唧唧吱……唧唧吱……"宁静的夜里，突然传来一阵悦耳的歌声。这是昆虫歌唱家——蟋蟀在鸣唱，这歌声可以传到几百米远的地方呢！

来！打一架吧！

蟋蟀的性格十分孤僻，非常讨厌与别的蟋蟀住在一起。尤其对于雄性蟋蟀来说，分享领地更是不能容忍的事情。因此，倘若强强相遇，必然会有一场激烈大战。此外，为了争夺配偶，雄性蟋蟀也会通过争斗展示自己的力量。

声音的意义

虽然蟋蟀鸣叫的声音在我们听起来一模一样，特别单调，但其实它们靠这种声音表达了很多不同的意思，比如追求异性、警告同类、宣示主权、高唱凯歌等。

发声的秘密

蟋蟀的声音是抑扬顿挫的，既有吸引异性的求爱歌，又有慷慨激昂的战斗曲。那么蟋蟀是用声带发声的吗？所有的蟋蟀都会发声吗？答案是否定的。蟋蟀通过一只前翅上的音锉与另一前翅上的列齿互相摩擦而发声。而且，只有雄性蟋蟀才会鸣叫。

蜣螂，无言的清洁工

蜣螂（qiāng láng），俗称"屎壳郎"。别看它们平时脏兮兮的，其实它们是非常值得尊敬的一种昆虫呢！这些不怕脏不怕累的小小劳动者，不知消灭了多少粪便和垃圾，为大自然的清洁做出了一定的贡献。

粪球滚起来吧！

我们认为粪便很脏，蜣螂可不这么想。它们深知，有些粪便里富含养分，这正是它们需要的。但如果粪便长期处于潮湿的环境当中，或久曝于阳光之下，养分就会慢慢流失。所以蜣螂一般都会向那些新鲜的粪便进军，而那些干干的粪料，它们是连看都不会看的。

选好粪料以后，蜣螂便会兴奋地进入工作状态。它们要做的第一件事就是将粪料变成容易带走的圆球。粪球滚好以后，蜣螂也不会休息，而是继续马不停蹄地把粪球带到可靠的地方藏起来。

小小粪球是个宝

千万不要小瞧这些粪球，它们可是蜣螂宝宝的"口粮"呢！蜣螂会在粪球里挖个小洞，把自己的卵产在里面，然后再把洞口封上。等蜣螂卵慢慢孵化成幼虫时，就能吃到现成的食物了！有了这么一个大"粮仓"，蜣螂宝宝在见到外面的世界之前，都不用担心饿肚子了！

天气预报员

很多动物似乎对天气有"未卜先知"的能力，蜣螂也有这样的本领。倘若第二天艳阳高照，蜣螂就会像往日一样忙碌着。如果第二天天气不好，那么它们就变得异常安静，不会出门。若是未来几天都是雷雨交加的天气，蜣螂提前几天都会分外忙碌，因为它们必须存够食物才行。

其实我不能吃！

别看蜣螂每天都忙着滚粪球，可它们的食量并不大。除了繁育后代之外，蜣螂每次只吃一点，剩下粪料大部分都丢掉了。也许，比起吃掉食物，它们更享受寻找食物的乐趣吧。

屁股上挂着"灯笼"的萤火虫

　　夜幕降临后，农场里异常幽暗。这时，你也许会看见有点点荧光闪烁，慢慢的，荧光越来越多，一闪一闪的荧光让人不禁怀疑难道是天上的星星在这里嬉戏？其实，这里是萤火虫的世界。

发光的秘密

　　萤火虫腹部末端的细胞中含有荧光素和荧光素酶，这两种物质与氧气发生化学反应，就会产生亮光。而且，萤火虫还能像开关一样，制造出不同的闪光模式。当雄性发出特定的求偶光时，雌性看到就会有所回应，接着雄性就会迅速找到它们。

独特的猎食

萤火虫喜欢吃蜗牛、小甲虫等。萤火虫头顶上有一对细小而尖利的颚，它会用这个武器在蜗牛身上轻轻敲打，其实这是在给猎物注射一种毒液，使猎物失去知觉。在开始吃之前，萤火虫还要再敲敲猎物，给猎物注射另一种毒液，把肉变成流质，然后再把食物吸进肚子里。

环境风向标

你知道吗？小小萤火虫对环境的要求可高啦！只有风景优美、水土宜人的好地方才会出现萤火虫漫天飞舞的情景。相反，如果一个地方环境恶劣，那么萤火虫是不会在这里定居的。所以大家一定要保护环境，欢迎美丽的萤火虫来做客哟！

会攀岩走壁的壁虎

农场里有一种喜欢昼伏夜出的小动物，它们身体细长，攀爬能力尤为出色。神奇的是，它们的尾巴断掉后还能再长出新的！没错，它们就是大名鼎鼎的壁虎。

个性的脚

无论是垂直的墙面，还是光滑的天花板，对于壁虎来说都像走平地那样简单。这其中的奥秘全在它们的脚上。壁虎每个脚趾垫都有脊状突起，上面覆盖着十分微小的绒毛组织。这种构造能帮助它们牢牢地攀附在物体表面。所以，别说是墙壁了，就算是玻璃它们也不怕。

尾巴为什么能再生？

壁虎在遭遇强敌时，倘若逃跑不够及时，很有可能被对方压住尾巴。这种情况下，它们会果断断掉自己的尾巴，选择逃生。不过不用担心，用不了多久，壁虎的断尾处就会长出新的尾巴。这是因为壁虎的身体里有一种激素，这种激素能促进尾巴再生。

都是益虫！

　　壁虎之所以在夜晚才出动，主要是因为它们捕捉的昆虫在夜晚才比较多。壁虎是益虫，捕食蚊子、苍蝇和飞蛾等害虫。这些小虫喜欢聚集在强光下，所以壁虎会跑到有灯光照射的地方去捕食。

尾巴像扇子的孔雀

孔雀身上的羽毛颜色鲜艳，长长的尾巴更是漂亮极了。它无论走到哪里都会吸引大家的目光。

越长大越英俊

一只小孔雀出生了，小家伙可没有爸爸漂亮。不过，如果它是个"男孩"，用不了几年，它就会长出漂亮的长尾巴；如果它是个"女孩"的话，长大后就会像妈妈，那它可就没有迷人的长尾巴了，而且羽毛的颜色也会暗淡一些。

开屏了！

不要以为孔雀平时也会开屏哟！其实它很少这样做。只有在繁殖期，为了吸引心仪的对象，雄孔雀才会开屏，让自己变得更英俊潇洒。遇到敌人时，孔雀偶尔也会开屏，屏上的斑纹像很多"眼睛"，有些不明所以的动物看到后，自然就被吓跑了。

擅长奔跑！

虽然孔雀属于鸟类家族的一员，但是因为体重和大尾巴的关系，它的飞行能力并不出色。但是，孔雀的双腿却十分强健，可以快速奔走。

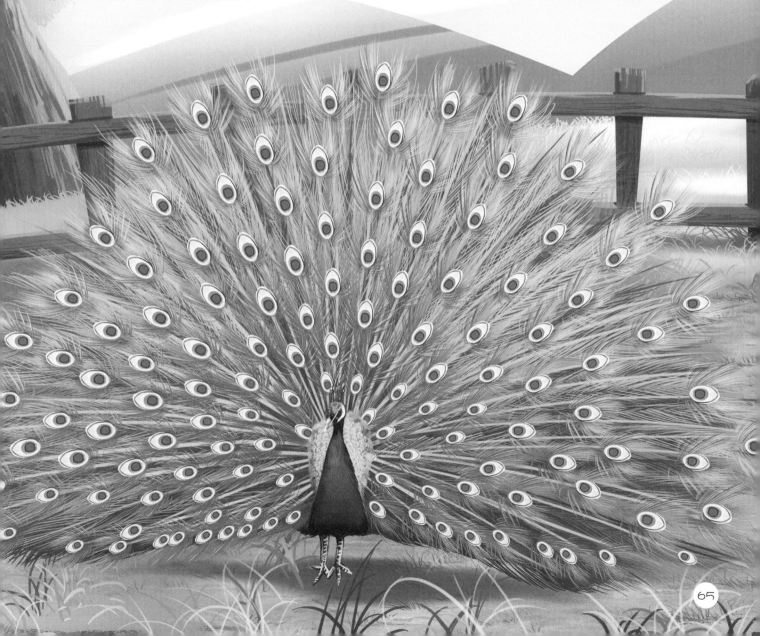

蜘蛛，编织高手

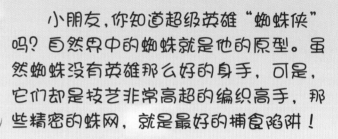

小朋友，你知道超级英雄"蜘蛛侠"吗？自然界中的蜘蛛就是他的原型。虽然蜘蛛没有英雄那么好的身手，可是，它们却是技艺非常高超的编织高手，那些精密的蛛网，就是最好的捕食陷阱！

有丝万事不愁！

蜘蛛的肚子部位有4～8个丝腺，每个丝腺都能吐出不同的细丝。蜘蛛丝里富含蛋白质，很有弹性，蜘蛛们就是用这种细丝来捕捉猎物、包裹受精卵、伪装巢穴的。对于蜘蛛们来说，丝线是它们生存和防卫的根本，非常重要。

自投罗网

蜘蛛的编织技艺让人自叹不如，它们经常用造型各异的大网来捕捉猎物。蜘蛛喜欢在昆虫频繁出没的地方结网，然后自己扯住网的一端躲到暗处。当猎物不小心撞在大网上时，它们就会迅速松开网的一端，使大网粘在一起，把猎物紧紧缠住，之后再趁机捕杀。

精细的蜘蛛网

　　蜘蛛的网可是经过精心编织的，这些网大都是因地制宜，造型略有不同。其中，圆网被认为是最精细的一种蜘蛛网，通常被吊在树木之间。这种蜘蛛网用线最少，却能覆盖最大的区域，捕食效果十分理想。

聪明伶俐的羊驼

性情温顺、外表可爱的羊驼深受人们喜爱，很多人都觉得它更像羊，但并不是这样哟！其实，羊驼与骆驼才是近亲！

可爱的外表

虽然那一身厚厚的皮毛使羊驼看起来非常像漂亮的羊，可是它却是无峰骆驼家族的一员。正因为羊驼的模样像羊和骆驼的"混合体"，所以人们给它起了这个有趣的名字"羊驼"。羊驼的眼睛很大，耳朵尖尖的，模样非常可爱。

胆子小

别看羊驼个子很高，但胆子比绵羊还要小。它很怕人突然接近。就连主人来喂它东西吃，它也要先躲到一边，等主人走了再去享用美食。平时，羊驼的性情非常温顺。不过，它也是会发脾气的，倘若别的动物有意惹它，羊驼就会朝它吐唾沫！

价值不菲的毛

　　每年，主人都会为羊驼修剪一次毛。羊驼的毛特别柔软，没有杂质，韧性比绵羊毛还高，市场价格比羊毛高很多倍。最重要的是，它的保暖性很好。用羊驼毛制成的时装在国际上非常受欢迎。

背着"房子"旅行的蜗牛

太阳刚刚落山，蜗牛背着它那大大的壳又出发了！它的目标不是别处，正是眼前这株爬满篱笆的喇叭花。尽管速度有些慢，但它丝毫没有停留，坚定地朝目标爬去……

我怕强光！

蜗牛属于软体动物，喜欢生活在阴暗潮湿的地方。它非常害怕强光，所以白天很少走动，大都在黑夜或阴雨天才出来。蜗牛走到哪里，都会背着自己的"小房子"，这样它就可以随时随地休息了。设想一下，如果没有这个"小房子"，以它的速度，极有可能露宿野外了！

牙齿这么多！

你知道吗？蜗牛是世界上牙齿最多的动物。它的嘴巴很小很小，如果不仔细观察，根本看不到。可是就是在这如此袖珍的嘴巴里，竟然藏着上万颗牙齿。蜗牛的牙齿整齐地排列在一起，就像长满钩刺的舌头。肚子饿的时候，它只需要舔一舔植物的叶子，就能把食物刮到嘴里。

自我保护

自然界中的危险总是无处不在，蜗牛既没有什么出奇制胜的防御武器，也没有出众的奔跑能力。不过不用担心，这些小家伙在遇到危险时会机智地躲到它的"小房子"里，用黏液封住"房门"，防止敌人进攻。如果背上的"房子"遭袭受损，蜗牛也能在一定时间内将它修好。

生命力顽强的蝗虫

蝗虫是农场里不受欢迎的一种昆虫，它们经常毁坏庄稼，聚集成群还容易引发"蝗灾"。不过，家鸡却很喜欢吃蝗虫，因为它们营养丰富，是十分难得的天然营养品。

我的足迹

蝗虫的数量非常多，而且生命力极其顽强。无论是宁静的山区、喧闹的都市，还是广阔的森林、荒野，到处都有它们的身影。不可否认的是，蝗虫的足迹几乎遍布世界各地温暖的陆地。蝗虫能用足摩擦翅膀发出声音，是一群比较吵闹的家伙。除了蹦跳之外，它们还会飞行。

天敌来啦，快逃！

蝗虫数量虽多，但好在有很多动物能制约它们的繁殖。蛙类和鸟类是蝗虫最主要的天敌。凡是潮湿的地方都有蛙类守护，只要蝗虫出现，它们就会弹出那又长又黏的舌头，将这些害虫吞进肚里。鸟儿需要补充脂肪，倘若遇到蝗虫，它们会毫不犹豫地用尖锐的喙将"口粮"吞进肚子。

我要长大！

　　蝗虫的生命旅程是从一枚受精卵开始的。它们孵化成幼虫时，是没有翅膀的，只能在陆地上跳跃。接着，它们要经过大约 5 次蜕皮才能长成成虫。这时，它们能飞行了，可以去更远的地方寻找食物。

黄鼬，全能选手

黄鼬有一个非常有趣的名字——黄鼠狼。俗语说："黄鼠狼给鸡拜年，没安好心。"可是，你知道吗？黄鼬最爱吃的实际上是鼠类，它很少对鸡下手。

我什么都会！

黄鼬不仅擅长攀援登高，还会下水游泳。而且，它们的皮毛柔软，动作敏捷，遇到敌人时能迅速躲起来。黄鼬的警觉性很高，就连休息时也保持着高度戒备状态，一般的动物要想偷袭成功，绝非易事。况且，黄鼬生性勇猛，发起狠来会殊死反攻，让很多动物招架不住，所以很多动物都不太敢招惹它们。

退敌武器

除了硬碰硬地进攻外，黄鼬还有一件秘密武器，那就是肛门两旁的一对臭腺。当敌人穷追不舍时，黄鼬就会边跑边从臭腺里喷射出一种分泌物。这种分泌物不但臭不可闻，还有毒性。如果敌人被击中，轻则头晕目眩，重则倒地昏迷。受此打击，敌人自然失去了追捕能力，黄鼬趁机逃之夭夭。

我生活在哪里？

黄鼬没有固定的"家"，颇有随遇而安的精神。它们会把杂乱的柴草垛、乱石堆或墙洞当成临时旅馆，在里面住得舒服又自在。黄鼬是独居动物，几乎是走到哪里就住在哪里。冬天天气寒冷，很多鼠类为了填饱肚子，会迁入农场生活。有时，黄鼠狼也会追随鼠类的脚步，来到农场。

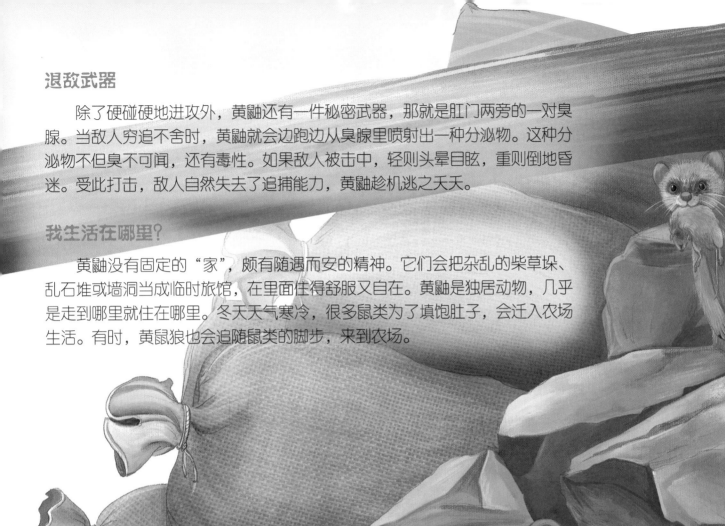

适应能力超群的乌鸦

对于乌鸦，小朋友们一定不陌生。森林、河谷、沼泽、农场、城市……它们几乎遍布世界各地。怎么样，你是不是很佩服乌鸦的适应能力啊？

甜蜜喂食

在求爱仪式中，雌性乌鸦会向异性做出乞食的动作。这种动作能让雄性回忆起自己的童年时代，对它产生怜爱。倘若确定对方是自己要找的伴侣，雄性乌鸦就会把喉袋里面的食物分享给雌性，那喂食的动作温柔极了。

群居生活

　　乌鸦喜欢把家建在树梢上，而且习惯与众多同伴待在一起。乌鸦的大巢是用一根根木棍搭建起来的，这些巢穴矗立在光秃秃的树枝之间，非常醒目。科学家们推测，乌鸦很有可能在家里与同伴们交流进食地点的信息。

假死逃生

　　乌鸦是一种很有"急智"的动物。当危险突然发生，根本来不及逃跑时，乌鸦会立刻装成中毒死亡的模样。只吃活食的敌人看到它们变成这样，没办法吃了，只能放弃离开。

黄蜂，天生陶匠

哇！真的没想到，黄蜂居然还是个陶艺家。瞧，那巢穴多么精美，完全是专业陶艺师的水准。告诉你个秘密吧，其实黄蜂制作的陶艺罐是育儿室，里面住着小黄蜂。

准备好开工！

　　黄蜂妈妈在产卵之前，通常会不辞辛苦地制作一个陶罐。它们先选一个小泥球，把自己的唾液混合进去，将它弄成一个空心球。接着，黄蜂妈妈就会像陶艺家一样，用自己的触角和脚一点点地做出陶罐来。最后，它们会在球顶留下一个小开口，这样，一个完美的"陶罐屋"就制成了。

储存食物

　　"陶罐屋"制成以后，黄蜂妈妈还要去捕捉食物。一般情况下，毛虫是它们的最佳捕食对象。将毛虫麻痹以后，黄蜂妈妈会将毛虫带回来。因为陶罐口很小，自己进不去，它们只好把毛虫一点一点地塞进去。

繁殖后代

　　等食物准备得差不多的时候，黄蜂妈妈会在陶罐里产下一枚卵。不过，这枚卵可不是随意放在陶罐里的，因为那样有可能被毛虫吃掉。黄蜂妈妈会将卵用线挂起来，这样等卵变成幼虫以后，毛虫早就饿死了，黄蜂幼虫也因此就有了丰富的食物。做完这些工作以后，黄蜂妈妈会用一个更小的泥球将罐口封死，然后离开再建一个新的"育儿室"。等黄蜂幼虫发育长大后，就会拱破罐口到外面生活。